Ist Integration nötig?

Eine Streitschrift von María do Mar Castro Varela

Deutscher Verein
für öffentliche
und private Fürsorge e.V.

LAMBERTUS

Soziale Arbeit kontrovers (SAk) 5

Verlag des Deutschen Vereins
für öffentliche und private Fürsorge e.V.
Michaelkirchstraße 17/18, 10179 Berlin
www.deutscher-verein.de

Auslieferung über den Lambertus-Verlag:
www.lambertus.de

Druck:
Stückle Druck und Verlag, Ettenheim

Printed in Germany 2013
ISBN 978-3-7841-2405-6
ISBN E-Book 978-3-7841-2280-9

Veröffentlicht mit Förderung durch das Bundesministerium
für Familie, Senioren, Frauen und Jugend (BMFSFJ)

Die Reihe „Soziale Arbeit kontrovers“

Der Deutsche Verein für öffentliche und private Fürsorge e.V. und der Lambertus Verlag möchten mit dieser Schriftenreihe aktuelle Fragen der sozialen Arbeit aufgreifen und in knapper, handlicher Form Orientierungshilfen zur Verfügung stellen. Ausgehend von einer provokanten oder rhetorischen Fragestellung sollen vermeintliche Gewissheiten, Selbstverständlichkeiten oder Verallgemeinerungen kritisch überprüft werden. Ziel dieser Schriftenreihe soll es nicht sein, einfache Lösungen zu präsentieren, sondern die Komplexität der Themen vor dem Hintergrund der Entstehungs- und Rahmenbedingungen und der jeweiligen Einflussfaktoren darzustellen.

Die Herausgeber haben ein Format gewählt, das der Lesbarkeit und Übersichtlichkeit einen hohen Rang einräumt: Renommierte Autorinnen und Autoren legen ihre Forschungsergebnisse und Schlussfolgerungen knapp und ohne umfangreichen wissenschaftlichen Apparat dar. Dem Charakter der Reihe entspricht es, dass die unterbreiteten Ideen und Vorschläge nicht immer mit den Positionen der Herausgeber übereinstimmen. Unter www.deutscher-verein.de und www.caritas.de finden Sie jeweils die aktuellen sozialpolitischen Positionierungen des Deutschen Vereins und des Deutschen Caritasverbands (Gesellschafter des Lambertus-Verlags).

Wir hoffen, mit dieser Schriftenreihe den fachlichen Diskurs zu fördern und freuen uns auf Rückmeldungen der Leserschaft.

Michael Löher

Vorstand des Deutschen Vereins für öffentliche und private Fürsorge e.V.

Dr. Thomas Becker

Abteilungsleiter des Deutschen Caritasverbandes und Geschäftsführer des Lambertus-Verlages

Inhalt

Einleitung: Aktuelle Diskurse um Migration und Integration

2008 hat der Verband Deutscher Zeitschriftenverleger die „Deutschlandstiftung Integration" initiiert. In ihrer Selbstbeschreibung erklärt diese, dass sie „mit ihren Aktivitäten die Chancengerechtigkeit von Mitbürgerinnen und Mitbürgern mit Migrationshintergrund in Deutschland fördern" möchte. Im Mittelpunkt stehe dabei der „Abbau von Sprachbarrieren, die Förderung von Lese- und Schreibfähigkeit sowie der Kommunikationskompetenz"[1]. Eine Frage, die sich hier sogleich stellt, ist, welches Interesse eigentlich der Verband Deutscher Zeitschriftenverleger an der Integration von Migranten und Migrantinnen hat, und ob die Gründung der Deutschlandstiftung Integration und deren Ziele nicht symptomatisch für die Zuweisung der Integrationsleistungen in Richtung Migranten und Migrantinnen zu deuten ist. Der paternalistische Ton ist zudem wenig subtil und insgesamt erstaunt das sozialarbeiterisch anmutende Engagement.

Integration ist ein medienwirksames Thema. Es gibt kaum eine Talkshow, die diesem nicht regelmäßig ein Forum gewährt. Dabei ist einerseits interessant zu beobachten, dass es wenig argumentative Variationen bei den zu Wort kommenden Protagonisten und Protagonistinnen gibt, und ebenso, dass sich immer mehr Migranten und Migrantinnen vom Sprechen über Integration irritiert, ja, manches Mal gar bedroht fühlen. Seitdem die Bundesregierung ihre Integrationsoffensive gestartet hat, äußern viele Migrantinnen und Migranten zudem, dass es ihnen schlechter gehe als je zuvor: Die Diskriminierungen hätten zugenommen, die Jobs seien weniger geworden und eine allgemeine migrationsskeptische Stimmung habe sich breitgemacht. Wie ist es zu dieser gefühlten Verschlechterung gekommen? Haben Migranten und Migrantinnen

1 Siehe: http://www.deutschlandstiftung.net (1. Juli 2013).

kein Interesse an einer aktiven Integrationspolitik? Sind Islamkonferenz, Integrationsgipfel, die Etablierung kommunaler Integrationsbeauftragter, die Erarbeitung von Integrationskonzepten und Sicherheitspartnerschaften keine Indizien für eine positive Wende in der Migrationspolitik? Und spricht nicht die Bundesbeauftragte von der Notwendigkeit, eine Willkommenskultur zu etablieren? Wie können wir das breite - nicht nur politische - Interesse an Integration verstehen? Und was sind die Konsequenzen? Und wer profitiert?

Wer heute über Migration spricht, kann nicht nicht über Integration sprechen. Der Integrationsdiskurs gehört zu *den* dominierenden gesellschaftlichen Diskursen. Seit Beginn des 21. Jahrhunderts können wir zudem ohne Übertreibung von einer diskursiven Explosion sprechen, deren Effekte nicht nur in der Politik, sondern auch in der Pädagogik, Sozialen Arbeit und im Alltag spürbar sind. Die Mehrheit ist sich darüber einig, dass die Integration von Migrantinnen und Migranten nicht nur notwendig ist, sondern eben oft auch nicht gelingt. Diese Diagnose impliziert, dass eine genaue Vorstellung darüber existiert, was Integration tatsächlich bedeutet und wie gesellschaftliche Integration gemessen werden kann – eine höchst debattierbare Annahme.

Tatsache ist, dass Integration Teil einer meritokratischen Politik ist. Wer sich anstrengt, wird belohnt. Es sind nicht vordergründig der Staat und die zivilgesellschaftlichen Kräfte, die sich um Integration bemühen müssen, sondern insbesondere die migrantischen Subjekte. So bewirbt die Beauftragte der Bundesregierung für Migration und Flüchtlinge (BAMF), Maria Böhmer, das neue Migrationskontrollinstrument „Stichtagsunabhängige Bleiberechtsregelung“ wie folgt:

> „Für ein neues Denken und einen Paradigmenwechsel in der Integrationspolitik steht die geschaffene gesetzliche stichtagsunabhängige Bleiberechtsregelung für gut integrierte Jugendliche und Heranwachsende. Die Botschaft lautet: Integrationsleistungen werden anerkannt! Daran sollte sich auch eine zukünftige gesetzliche stichtagsunabhängige Bleiberechtsregelung für alle Geduldeten mit längerem Aufenthalt in Deutschland orientieren."[2]

Deutlicher kann eine meritokratische Politik kaum artikuliert werden: gut integrierte Jugendliche dürfen bleiben! Zugleich beklagt eine Publikation der Organisation for Economic Co-operation and Development (OECD), dass in vielen Ländern Europas „eine stark ablehnende Haltung der Migration gegenüber besteht" (Keeley 2009, 14).

An dieser Stelle setze ich meine ersten Überlegungen zu Integrationsregimes und Gouvernementalität, die ich kurz nach dem Inkrafttreten des Zuwanderungsgesetzes im Jahre 2005 begonnen habe, fort (vgl. Castro Varela 2006; 2007). Nach wie vor gehe ich davon aus, dass das Foucault'sche Konzept der Gouvernementalität gut dazu geeignet ist, um aktuelle Integrationspolitiken und Migrationsregimes einer genaueren Betrachtung zu unterziehen. Wenn auch die Diskussionen um Integration in den Jahren nach 2008, in denen Finanzkrisen, Aufstände und Generalstreiks die Medien beschäftigen, nicht mehr denselben Raum einnehmen wie noch 2005 und 2007. Heute ist zudem klar, dass Migrationspolitiken und Integrationsregimes nicht unter Vernachlässigung globaler ökonomischer und politischer Verflechtungen analysiert werden können. Ebenso haben die Krisen rassistische Ressentiments in einer Form an die Oberfläche gebracht, die nach einer

2 Siehe: Pressemitteilung vom 24. Juni 2013, http://www.bundesregierung.de (1. Juli 2013).

Fokusverschiebung geradezu ruft. So ist es mehr denn je notwendig, die Felder „Migration/Integration", „Sicherheit" und „Ökonomie" zusammen zu betrachten.

1. Abstammung und Migrationshintergrund

Migration kann als ein bedeutender Motor gesellschaftlicher Veränderung beschrieben werden. Trotz dieser allgemein anerkannten Erkenntnis hält sich in Europa hartnäckig eine Negativ- und Defizitperspektive, die Migration vor allem in Verbindung mit Armut und Kriminalität, als störend und bedrohlich beschreibt. Die diskursiven und kulturellen Konsequenzen einer vornehmlich auf Abwehr und Kontrolle zielenden Politik sind Bestandteil bedeutsamer kultureller Praxen, die Räume der Nichtzugehörigkeit konstruieren und damit Ausgrenzung billigen.

Mit dem demografischen Wandel, der Alterung der Gesellschaft, ändert sich die migrationspolitische Rationalität. Der Blick richtet sich nun auf das wandernde, integrationsfähige „Humankapital", welches zu einer begehrten Ressource im globalen Wettstreit um die Sicherung des nationalen Wohlstandes, geworden ist. Die neue Zauberformel lautet: „Gesteuerte Zuwanderung qualifizierter Arbeitskräfte":

> „[I]m Jahr 2050 [wird] voraussichtlich ein Drittel der heute 490 Millionen Bürgerinnen und Bürger der Europäischen Union über 65 Jahre alt sein. Damit ist für die meisten europäischen Staaten ein Mangel an erwerbsfähiger Bevölkerung vorhersehbar. [...] Mit diesem Rückgang einhergeht, dass zumindest sektoral und regional nicht mehr genügend Arbeitskräfte zur Verfügung stehen werden, um den Bedarf zu decken. Negativ beeinflusst durch diesen

demografischen Wandel werden die Nachfrage nach Waren und Dienstleistungen, und letztlich auch die internationale Wettbewerbsfähigkeit von Unternehmen sowie das Wirtschaftswachstum. Migration kann diese Bevölkerungsentwicklung dabei nicht vollständig ausgleichen, jedoch zumindest ihre negativen Folgen vorerst abschwächen" (Bendel/Haase 2008, o.S.).

Die Logik einer die demografischen und ökonomischen Probleme ausgleichenden Migrationspolitik ist im Kern neoliberal. Letztlich geht es um die „(Aus-)Nutzung von Arbeitskraft", den „Erhalt und Ausbau der Wettbewerbsfähigkeit", die „Gewinnung Hochqualifizierter", die „Innovationskraft der Wirtschaft" und die „Sicherung des Wohlstandes". Das Lob an die Migration wird in eine Rhetorik der Verwertbarkeit intoniert. Die Website „Make it in Germany" des Bundesministeriums für Wirtschaft und Technologie und des Bundesministeriums für Arbeit und Soziales sowie der Bundesagentur für Arbeit spricht entsprechend eine klare Sprache. Hier wird nicht nur für die *Blue Card EU*[3] geworben, sondern in kleinen Werbespots heißen Regierungsmitglieder hochqualifizierte Migranten und Migrantinnen willkommen, Deutschland wird als Einwanderungsland beworben.[4]

Konsequenz dieser Rhetorik ist die Etablierung einer Unterscheidung zwischen „guten" und „schlechten" Migranten und Migrantinnen: Gut sind jene, die einen Beitrag zur Sicherung *unseres* Wohlstandes leisten, schlecht jene, die *unsere* Ressourcen missbrauchen. Der Umgang mit Migranten und Migrantinnen spiegelt hierbei eine allgemeine, für den gegenwärtigen ökonomistischen

3 Die *Blue Card EU* ist der US-amerikanischen Green Card nachgeahmt. Ihre Ausgabe ist im „Gesetz zur Umsetzung der Hochqualifizierten-Richtlinie der Europäischen Union" (HQRLUmsG) geregelt.

4 Siehe: http://www.make-it-in-germany.com (1. Juli 2013).

Gesellschaftstyp kennzeichnende Form des Zugriffs auf Subjekte wider (etwa Freytag 2008).

Diskurse, dieser Einsicht wird heute kaum noch widersprochen, können als Praktiken beschrieben werden, „die systematisch die Gegenstände bilden, von denen sie sprechen“ (Foucault 1981, 74). Sie sind wirkmächtig und stehen in einer direkten Beziehung zu Wahrheit, Macht und Wissen. Durch die beständige Wiederholung spezifischer Aussagen, so Michel Foucault, wird Wahrheit und Wissen hergestellt, welches wiederum Machtstrukturen stabilisiert, die ihrerseits notwendig sind, um Diskurse dominant werden zu lassen:

> „Die Wahrheit ist von dieser Welt; sie wird dank vielfältiger Zwänge hervorgebracht. [...] Jede Gesellschaft hat ihre Wahrheitsordnung, ihre allgemeine Politik der Wahrheit: das heißt Diskursarten, die sie annimmt und als wahr fungieren lässt; die Mechanismen und Instanzen, die es gestatten, zwischen wahren und falschen Aussagen zu unterscheiden, die Art und Weise, wie man die einen und die anderen sanktioniert; die Techniken und die Verfahren, die wegen des Erreichens der Wahrheit aufgewertet werden; die rechtliche Stellung derjenigen, denen es zu sagen obliegt, was als wahr fungiert“ (Foucault 2003, 149).

Welche Migrationswahrheiten dominieren den Integrationsdiskurs? Dies ist eine Frage, die zumindest einen kursorischen Blick auf die Vielfalt von Begriffen, mit denen Menschen mit Migrationserfahrungen in Deutschland bezeichnet werden, sinnvoll erscheinen lässt. So finden wir Berichte, Artikel und Studien zu „Gastarbeitern“, „Ausländerinnen“, der „ausländischen Bevölkerung“, „Zuwanderinnen“, „Migranten“ und „Einwanderern“, „Immigrantinnen“, aber auch „Allochtonen“ und seit 2005 vor allem Auseinandersetzungen zu „Menschen mit Migrationshintergrund". Interessant an dieser letzten Variante ist, dass die Sozialwissenschaften ebenso wie die Pädagogik und die Soziale Arbeit hier nicht nur unwidersprochen, sondern auch in rasanter Geschwindigkeit einen Begriff des Statistischen Bundesamtes übernommen hat. Dieses erklärt den Begriff wie folgt:

> „Im Jahr 2005 wurde der Themenkomplex Migration und Integration neu in das Erhebungsprogramm des Mikrozensus aufgenommen. Seither ist es möglich, zwischen der Bevölkerung mit Migrationshintergrund und der Bevölkerung ohne Migrationshintergrund zu unterscheiden. Diese Kategorien ersetzen die bisherige Unterscheidung nach Deutschen und Ausländern, die wegen der inzwischen großen Zahl von (Spät-)Aussiedlern und Eingebürgerten als immer weniger aussagekräftig angesehen wurde. *Die hier verwendete Abgrenzung der Bevölkerung mit Migrationshintergrund berücksichtigt den Wunsch, den Blick bei Migration und Integration nicht nur auf die Zuwanderer selbst – das heißt die eigentlichen Migranten – zu richten, sondern auch bestimmte ihrer in Deutschland geborenen Nachkommen einzuschließen*" (Statistisches Bundesamt 2013, o.S., Hervorhebung d. Verf.).

Statistik als die Wissenschaft vom Staat macht deutlich, was den Staat interessiert, was im Fokus seiner Beobachtung und Kontrolle steht. Die Bevölkerung wird zur besseren Beobachtung parzelliert und quantifiziert. Statistische Daten erlauben einen verallgemeinernden und zerlegenden Blick. So werden nicht nur die Geburts-, Sterbe- und Kriminalitätsraten erhoben, sondern auch Prognosen über die Integrationswahrscheinlichkeit von Migranten und Migrantinnen errechnet. In Statistiken wird Wahrheit als Information inszeniert. Die statistische Kategorie „Menschen mit

Migrationshintergrund" führt ein neues Unterscheidungsmoment ein, dass dem Staat gestattet, Integrationsfähigkeit und -willigkeit zu messen. Die Erhebung sozialer Daten dient dabei nicht nur der Rechtfertigung staatlicher Maßnahmen, sie liefert auch die Grundlagen für die Durchsetzung unliebsamer Bestimmungen: etwa Beobachtungen, Sanktionierungen, Restriktionen. Und es bleibt selbstredend die Frage, wie lange der Migrationshintergrund als sozial relevant wahrgenommen wird – und was die materiellen und sozialen Konsequenzen dieser Etikettierung sind.

Die Kategorie der „Abstammung" scheint auch nach dem Naziregime nicht diskreditiert. Integrationspolitik ist im Gegenteil eine Ordnungspraxis, die ein Abstammungsdenken geradezu stabilisiert. Ein Denken, welches an Bedeutung zu verlieren drohte, kehrte im Integrationsdiskurs gestärkt wieder zurück. Die Frage nach den Wurzeln wird zu einer Frage, die bestimmte Staatsbürger/innen geradezu verfolgt und deren Zugehörigkeitsarbeit bedroht. Man möchte sich hier spontan Gilles Deleuzes und Félix Guattaris Ausruf: „Wir sind des Baumes müde" anschließen (1977, 25), das jeder baumzentrischen Wissenskultur und Vorstellungswelt eine Absage erteilt. Als die Grenze zwischen „Ausländer" und „Deutsche" aufgrund gestiegener Einbürgerungszahlen aufzuweichen drohte, wurde mittels des Begriffs „Menschen mit Migrationshintergrund" die Zugehörigkeitsgrenze nachgezogen. „Deutsche" wurden zu „Menschen mit Migrationshintergrund" und damit zu „Anderen Deutschen" (vgl. hierzu Mecheril/Teo 1994).

Natürlich ermöglicht die Kategorie „mit Migrationshintergrund", statistische Daten zu erheben, die uns Auskunft darüber geben, ob wir zum Beispiel in den migrantischen Nachfolgegenerationen eine soziale Mobilität wahrnehmen können oder nicht oder wie hoch die Diskriminierungsbelastung ist. Doch wird die Kategorie längst nicht nur mit dieser Zielrichtung genutzt. Der Begriff

„Menschen mit Migrationshintergrund" verweist auf die Nichtzugehörigkeit einer großen Bevölkerungsgruppe und fixiert diese gewissermaßen im Feld sozialarbeiterischer Zielgruppen. „Menschen mit Migrationshintergrund" bedürfen integrationspolitisch gerahmter sozialarbeiterischer Versorgung: Sie müssen bei ihren Integrationsbemühungen unterstützt werden.

Diese Praxis modelliert auch die Selbstwahrnehmung der zu integrierenden Subjekte. Die Frage nach der eigenen Integrationsfähigkeit wird geradezu zu einem identitätsbestimmenden Moment. Medien wie auch sozialarbeitswissenschaftliche Texte schaffen phantasmatische Selbstverhältnisse integrierter Subjekte und bringen gleichzeitig den Typus des „unintegrierten rebellischen Migranten" hervor (vgl. Castro Varela 2007, 26). Die Kategorie „Menschen mit Migrationshintergrund" ist bestenfalls ambivalent: eine Ambivalenz, die Subjekte, die durch diese hergestellt werden, als schmerzhaft empfinden, die aber auch Widerstand produziert.

Statistiken können nicht nur als ein regierungstechnisches Kontrollinstrument beschrieben werden, das den Blick auf die Bevölkerung richtet, sie bringen Kollektive erst hervor. Entscheidend ist hier, dass bei der Operation der Definierung „Anderer Deutscher" das biologistische Abstammungsnarrativ erneut reifiziert wird. Eine kritische Reflexion bleibt deswegen eine Notwendigkeit.

Von welchen Subjekten sprechen wir, wenn wir über „Menschen mit Migrationshintergrund" sprechen? Ein deutscher Jugendlicher mit einem Vater, der aus Griechenland eingewandert ist, eine deutsche Sekretärin, die im Libanon geboren wurde und deren Mutter in Syrien aufgewachsen ist, eine deutsche Ingenieurin, die in Kasachstan als Sowjetrussin geboren und aufgewachsen ist, ein deutscher Professor, dessen Eltern aus Ghana eingewandert sind, das türkische Ehepaar und Restaurantbesitzer, deren Eltern bereits aus der Türkei eingewandert sind, und die deutsche Transfrau und Journalistin, die vor 20 Jahren aus dem Iran nach Deutschland migriert ist – sie sind Menschen mit Migrationshintergrund. Ihre einzige Gemeinsamkeit ist, dass ihre Abstammung erfasst und bezeichnet wird und sie damit als „Andere Deutsche" markiert werden. Einbürgerung bedeutet nicht, die Aura des Anderen abzulegen. Auf der Subjektebene bedeutet dies eine unaufhörliche Zugehörigkeitsarbeit, denn eine unhinterfragte Zugehörigkeit wird auch dann zur Unmöglichkeit, wenn eine positive Besonderung erfolgt – etwa wenn eine türkischstämmige deutsche Studentin der Geschichtswissenschaft immer wieder zu hören bekommt, wie außergewöhnlich ihre Leistungen seien. Warum? Weil ihr Hintergrund nicht erwarten ließ, dass sie deutsche Geschichte verstehen kann?

2. Deutsch-Werden und Anders-Bleiben

Mit der Fokussierung auf Integration geht es nicht mehr ausschließlich um Ein- und Auswanderung, sondern mehr um die sozialen Binnenprozesse. Es interessiert nun, wie aus Ausländer/innen Deutsche werden können. Der postkoloniale Literaturwissenschaftler Homi Bhabha hat diese Prozesse im Zusammenhang mit imperialer Herrschaft als Mimikry beschrieben (vgl. Bhabha 2000, 125 ff.). Das Konzept der Mimikry wird als eine Strategie eingeführt, die die Kontrolle über die kolonisierten Subjekte ermöglichen soll. Die Kolonisierten sollen sich anpassen an die Werte und Normen der herrschenden Kolonisator/innen. Bildung spielt hier eine wichtige Rolle. Gleichzeitig kann die Anpassung nie wirklich gelingen. Das Ergebnis ist, wie Bhabha im Kontext von *British India* schreibt, eine „makelbehaftete koloniale Mimesis, in der Anglisiertsein ganz ausdrücklich bedeutet, nicht Engländer zu sein" (ebd., 129).

Letztlich zielen auch Integrationspolitiken auf die Produktion von Subjekten, die sich deutsch verhalten, Deutsch sprechen, deutsche Werte und Normen teilen – was immer auch damit gemeint sein soll – und die gleichzeitig nie Deutsche sein können. Sie bleiben mithin einem assimilationspolitischen Paradigma unterworfen, welches davon ausgeht, dass eine Gesellschaft, deren Mitglieder nicht die gleichen Werte und Normen teilen, zu desintegrieren droht.[5]

Auch bei der Mehrheit der Diversityansätze wird die äußerliche Differenz positiv hervorgehoben – etwa Geschlecht, Hautfarbe, Behinderung –, während vorausgesetzt wird, dass alle Mitglieder eines Teams/einer Institution dieselbe Sprache sprechen und ideologisch keine Divergenzen zeigen. Das ist auch der Grund dafür, warum Diversity-Repräsentationen (etwa von FORD oder Benetton) nicht nur monoton wirken, sondern auch gut vermarktbar sind. Eine bestimmte (nicht bedrohliche) Differenz ist kommodifizierbar. Die Anderen sind hier exotisch, interessant und begehrenswert.

Bhabha erkennt in der Mimikry aber auch Handlungsmacht der sich assimilieren Müssenden. Er erläutert, dass Mimikry ein Subjekt hervorbringt, „das fast, aber doch nicht ganz dasselbe ist" (ebd., 126). Damit kann die Mimikry beschrieben werden als

> „... das Zeichen des Un(an)geeigneten (*inappropriate*), eine Differenz oder Widerspenstigkeit, die die dominante strategische Funktion der kolonialen Macht auf sich kon-

5 Selbst Neo-Assimilationspolitiken, die betonen, dass es nur darum gehe, dass Migranten und Migrantinnen ihre Erwartungen an „institutionalisierte soziale Erwartungen" anpassten (Bade/Bommes in Otto/Schrödter 2006, 6), wohingegen „ethnische Zugehörigkeit zur Privatsache" erklärt wird (ebd.), verlangen letztlich eine Anpassung und rechnen mit deren Scheitern.

> zentriert, die Überwachung intensiviert und für ‚normalisierte' Arten des Wissens und disziplinäre Mächte eine immanente Bedrohung darstellt" (ebd., 127).

Also: Anpassung ist bedrohlich und ruft nach einer Intensivierung der Überwachung. Doch Anpassung/Assimilation erfolgt Bhabha zufolge nie nur in Form einer unreflektierten Nachahmung. Sprache, Kultur, Verhaltensweisen und Ideen werden in einer Art Wiederholung mit Differenz übernommen, die immer auch produktive Momente enthält. „Mimikry ist [deswegen] Ähnlichkeit und Bedrohung in einem" (ebd.). Migranten und Migrantinnen werden zu Träger/innen einer hybriden Identität, die durch die *unheimliche* Fähigkeit gekennzeichnet ist, überall zu Hause sein zu können. Diese Fähigkeit, birgt gleichwohl das Risiko in sich, nirgendwo ein Zuhause zu finden. Kultur wird gleichzeitig zu etwas *Un-heimlichen*; Migrations- und Hybridisierungsprozesse machen die Wandlungsfähigkeit von Raum und Zeit transparent. Sie irritieren die dominanten Vorstellungen einer statischen Zugehörigkeit und Identität. Heimat wird von Heimeligkeit befreit und stattdessen zu einem Gebiet der Desorientierung, denn die Idee der Heimat bindet und verblendet. Ein „freies Urteilen, Entscheiden und Handeln" ist darum erst nach der „Überwindung aus dieser Verstrickung" möglich (Flusser 1999, 251). Für Vilém Flusser kann die Migrantin/der Migrant erst dann frei sein, wenn sie/er die verlorene Heimat nicht mehr verleugnet, sondern aufhebt (ebd., 253). Die viel beschworenen Traditionen sind ohnehin gebildet und nicht einfach nur da. Ursula Apitzsch zufolge sind sie als Erfindungsprozesse zu verstehen und nicht als eine Praxis von Althergebrachtem (Apitzsch 1999, 11). Das Rezitieren der Traditionen scheint eher eine listige Praxis der Ausgrenzung darzustellen, eine Legitimation für Ungleichbehandlung.

Im Rahmen des Zuwanderungsgesetz wurden 2005 Integrationskurse eingeführt. Dabei wurde sowohl die Berechtigung wie auch Verpflichtung der Teilnahme gesetzlich verankert.[6] Neben dem Sprachkurs (600 Stunden) werden im Orientierungskurs (60 Stunden) Kenntnisse über Deutschland vermittelt: „deutsche Rechtsordnung, Geschichte und Kultur, Rechte und Pflichten in Deutschland [...], Werte, die in Deutschland wichtig sind: zum Beispiel Religionsfreiheit, Toleranz und Gleichberechtigung" (Bundesministerium des Inneren 2012, 13). So harmlos und plausibel diese Beschreibung klingt, so problematisch ist sie, wird doch etwa unterstellt, dass Migranten und Migrantinnen Toleranz erlernen müssten, während diese gleichzeitig als eine wichtige deutsche Tugend dargestellt wird.

> „In der Konzeption des Orientierungskurses spiegelt sich der nach Souveränität eifernde Staat wider. Seine ‚Superioritätsdoktrin' drückt sich im Hauptziel aus, das mit den Kursen erreicht werden soll, nämlich nicht nur Anerkennung, sondern ‚eine positive Bewertung des Staates' zu erreichen. Damit einher geht die Methodik des Unterrichts, die in erster Linie auf Frontalunterricht setzt und nicht auf Dialog entsprechend der Richtlinien des politischen Unterrichts nach dem Beutelsbacher Konsens. Deutlich wird dies am Orientierungskurstest. Er symbolisiert ebenso die soziale Ordnung" (Kaden 2012, 77).

Im Dokumentarfilm „Werden Sie Deutscher" (2013) von Britt Beyer werden Teilnehmende dieser Kurse zehn Monate lang begleitet. Der Film zeigt die Teilnehmenden nicht nur im Unterricht und

6 Nach § 44 a Abs. 1, Nr. 2 AufenthG können Migrantinnen und Migranten zu einem Deutschkurs verpflichtet werden. Dies ist etwa dann der Fall, wenn keine Lohnarbeit und auch kein Studium oder eine Ausbildung nachgewiesen werden können.

Alltag, sondern auch beim Besuch des Deutschen Historischen Museums in Berlin, das, wie andere öffentliche Institutionen auch, Orientierungskurse anbietet bzw. diese unterstützt. Im Film sehen wir eine Gruppe durch den Ausstellungsbereich gehen, der die Zeit des „Nationalsozialismus" vermittelt. Die Vermittlerin des Museums bleibt vor einem Plakat mit der Aufschrift „Rassenschande" stehen. Die Teilnehmenden werden nicht nur dazu aufgefordert, das rassistische Wort laut vorzulesen, sondern auch gebeten, die rassistischen Abbildungen detailgetreu zu beschreiben.[7] Einerseits erschüttert die Szene, weil eine Erläuterung der rassistischen Gewalt, die sich in Sprache und bildlicher Repräsentation entfaltet, nicht geleistet wird, womit rassistische Praxen schlicht rezitiert werden. Anderseits wirken die Orientierungskurse plötzlich wie eine Neuauflage der *re-education*-Programme nach dem Zweiten Weltkrieg. Heute sind es jedoch Migranten und Migrantinnen, die sich die Gräuel des Naziregimes vergegenwärtigen müssen. Sie sind es, auf die die potenzielle Gefahr der Radikalisierung projiziert wird. Die Wendung ist bedeutsam, werden nun doch die Marginalisierten zu denjenigen, die von demokratischen Werten überzeugt werden müssen, damit sich die Nazigräuel nicht wiederholen. Sie werden nicht geschützt, sondern mutieren stattdessen zu Mitgliedern einer potenziellen „Tätergesellschaft". Die Absurdität wird dann besonders deutlich, wenn wir uns vergegenwärtigen, dass bei einigen Teilnehmenden davon ausgegangen werden kann, dass sie selbst vor staatlicher Gewalt geflohen sind.

2.1 Begrenzung, Rotation und Ausgrenzung

Das sogenannte Zuwanderungsgesetz von 2005, welches die normative Grundlage für die Integrationspolitik bildet, lautet eigent-

7 Ich danke Sandra Wrampelmeyer dafür, mich auf den Film und die Tatsache aufmerksam gemacht zu haben, dass Migranten und Migrantinnen im Deutschen Historischen Museum Orientierungskurse absolvieren.

lich „Gesetz zur Steuerung und Begrenzung der Zuwanderung und zur Regelung des Aufenthalts und der Integration von Unionsbürgern und Ausländern". Es trägt damit einen Titel, der unmissverständlich die enge diskursive Dichte zwischen Migrationsabwehr und Integrationspolitiken verdeutlicht. Auch die Trennung zwischen „Unionsbürgern" und „Ausländern" ist bezeichnend, sind doch Unionsbürger/innen nach dem deutschen Staatsbürgerschaftsrecht ebenso Ausländer/innen. Bereits im Namen des Gesetzes wird die differente Integrationspraxis manifest, die in der Tat Unionsbürger/innen anders als sogenannte Drittstaatler/innen trifft.

Arbeitsmigration ist ohne eine Kapitalismusanalyse kaum zu verstehen. So wird etwa deutlich, warum diese dann gefördert wird, wenn nicht genügend einheimische Arbeitskräfte zur Verfügung stehen, um eine den Arbeitslohn drückende flexible Reservearmee bereitzustellen. Es geht also weniger um fehlende Arbeitskraft, sondern um eine fehlende Reservearmee im Sinne Karl Marx'. Nur wenige Jahre nach dem Ende des Zweiten Weltkrieges wurden aus ebendiesem Grunde nichtdeutsche Arbeitskräfte rekrutiert. Wohlbekannt ist, dass die Bundesanstalt für Arbeit im Auftrag der Bundesregierung 1955 den ersten Anwerbevertrag mit Italien abschloss. Später folgten Verträge mit Spanien und Griechenland, der Türkei, Portugal, Tunesien, Marokko und schließlich 1968 mit Jugoslawien. Zumeist wurde eine einjährige Arbeits- und Aufenthaltserlaubnis erteilt, die immer wieder verlängert werden musste. Das hielt die Arbeitskraft flexibel und ermöglichte eine bessere Ausbeutung und ein Lohndumping, welches selbst die Gewerkschaften teilweise widerstandslos hinnahmen.

Die Befristung des Aufenthaltes sollte aber auch ganz konkret die Niederlassung von Migranten und Migrantinnen verhindern. Bei dieser als *Rotationsprinzip* bekannt gewordenen Praxis handelt es sich um „die modernisierte Variante des alten Konzeptes des Saisonarbeit, das in Deutschland mit dem Einsatz von polnischen Landarbeitern von 1880 an ‚funktioniert' hat" (Treibel 1999, 56). Zwischen 1955 und 1973 migrierten unter diesen Rahmenbedingungen etwa 14 Millionen Menschen in die Bundesrepublik Deutschland und 11 Millionen kehrten zurück in ihre Herkunftsländer. Das Rotationsprinzip kann insoweit als ein erfolgreiches Einwanderungsverhinderungsmodell beschrieben werden. Dennoch beschloss die Bundesregierung 1971 vor dem Hintergrund der schwindenden Akzeptanz – insbesondere bei den Arbeitgeberverbänden –, die Verlängerung von Aufenthaltsgenehmigungen zu erleichtern. Das ökonomische Interesse an angelernten Arbeiter/innen war größer als die Sorge um die „Überfremdung" – wie damals in den Medien immer wieder zu lesen war.

In der DDR blieb die Rekrutierung von Vertragsarbeitnehmer/innen im Gegensatz zur Bundesrepublik ein quantitativ relativ überschaubares Phänomen. Im offiziellen Diskurs wurde die Anwerbung mit „internationaler Solidarität" begründet:

> „In Abgrenzung zur ausbeuterischen ‚Gastarbeitspolitik' der BRD sah die DDR allerdings in ihren Arbeitsmigrationsprogrammen einen ‚sozial-ökonomischen Inhalt.' Dieser Programmatik folgend sollte der Arbeitsaufenthalt in der DDR gleichzeitig mit der Möglichkeit zu einer Ausbildung verbunden werden. Arbeitsmigration wurde als ‚Entwicklungshilfe' verhandelt, womit die primär national-ökonomischen Interessen der DDR-Regierung eher nachrangig erschienen" (Mende 2012, 105).

Almut Zwengel bemerkt denn auch, dass im Ausländergesetz der DDR, welches von 1979 bis 1990 gültig war, eine „weitgehende Gleichberechtigung von In- und Ausländern" festgeschrieben wurde. So war keine besondere Aufenthaltserlaubnis nötig, ein Recht auf Wohnraum war vorgesehen und undokumentierte Einreisen konnten nachträglich legalisiert werden (vgl. Zwengel 2011, 192). Nach der Vereinigung beider deutscher Staaten war die Aufenthaltssituation der Vertragsarbeitnehmer/innen prekär und von Rechtsunsicherheit geprägt. Den meisten wurde gekündigt, viele wurden zur Ausreise gezwungen.

In den Jahren nach dem Fall der Berliner Mauer beginnt eine Phase restriktiver Flüchtlings- und Asylpolitik, während gleichzeitig kaum zufällig rassistische Übergriffe gegen geflüchtete Menschen und Migranten und Migrantinnen einen Höhepunkt erreichen. Das Recht auf Asyl wurde im sogenannten Asylkompromiss 1993 radikal beschnitten,[8] während Rostock, Lichtenhagen, Mölln und Solingen zu Symbolen rassistischer Gewalt wurden. Der Nationalsozialistische Untergrund (NSU), die rechte Gruppierung, die zwischen 2000 und 2006 eine Mordserie gegen türkisch- und griechischstämmige Menschen beging, gründete sich in ebendieser Zeit. Rassismus wurde zu einem öffentlichen Thema. Eine De-Thematisierung ist seither nicht mehr möglich. Doch auch ein Nachdenken und Sprechen über neue Migrationskonzepte setzt ein. Diese werden wieder dominiert von ökonomischen Argumenten: Es ist nun hingegen die Rede von der „Gewinnung

---

8 Das Asylrecht, das ein im Grundgesetz verankertes Grundrecht darstellte, wurde im Jahr 1993 nach heftigen Debatten stark eingeschränkt. Der sogenannte Asylkompromiss sieht beispielsweise vor, dass Geflüchtete, die über einen sicheren Drittstaat einreisen, sich nicht auf das Asylrecht berufen können. Die Anerkennungsquote ist nach 1993 entsprechend gering. Laut Pressemitteilung des Bundesministeriums des Inneren vom 15. Januar 2013 hat das Bundesamt im Jahre 2012 61.826 Entscheidungen getroffen. 8.764 Personen (14,2 %) wurde danach die Rechtsstellung eines Flüchtlings nach der Genfer Flüchtlingskonvention zuerkannt. Von diesen wurden allerdings nur 740 Personen (1,2 %) als Asylberechtigte anerkannt. Siehe: http://www.bmi.bund.de/SharedDocs/Pressemitteilungen/DE/2013/01/asylzahlen_2012.html (1. Juli 2013).

Hochqualifizierter“ und der „Innovationskraft der Wirtschaft“. Die Migrationspolitik liest Migranten und Migrantinnen nicht mehr als Arbeitskraft, sondern als Humankapital. Migration soll nun zunehmend staatlich geregelt und gesteuert werden. Von den *neuen* Migranten und Migrantinnen wird qualifizierte Leistungsfähigkeit und insbesondere Flexibilität erwartet. Die ökonomische Rationalität, die bereits die Anwerbepolitik der 1960er-Jahre bestimmte, wird nun verfeinert. Immer mehr steht die „Qualität“ der Migranten und Migrantinnen im Mittelpunkt. Diese werden nun passgenau nach den Bedürfnissen der Bundesrepublik ausgewählt: etwa IT-Spezialisten und -Spezialistinnen oder medizinisches Fachpersonal.

Im Zusammenhang mit der einsetzenden Integrationspolitik ist bemerkenswert, wie diese die Logik der qualitativen Disposition mitvollzieht. Das ökonomistische Migrationsregime unterteilt wie das Integrationsregime in „gute“ und „schlechte“ Migranten und Migrantinnen. „Gut“ sind, dieser Logik folgend, jene, die zur Sicherung des Wohlstandes ihren Beitrag leisten, „schlecht“ jene, die etwa sozialstaatliche Hilfeleistungen in Anspruch nehmen (müssen). Während jedoch um hochqualifizierte Migranten und Migrantinnen eine globale Konkurrenz einsetzt, scheut sich die Europäische Union (EU) nicht, Menschen, die Hilfe benötigen, weil sie etwa vor einem Krieg im Herkunftsland fliehen müssen, abzuweisen. So bestimmt das BAMF einerseits:

> „Wer eine Niederlassungserlaubnis beantragen möchte, muss zum Beispiel seinen Lebensunterhalt und den seiner Familienangehörigen eigenständig sichern, über ausreichende Deutschkenntnisse verfügen und darf keine Vorstrafen haben. Unter Umständen kann eine Nieder-

> lassungserlaubnis auch ohne zeitliche Voraussetzungen erteilt werden, etwa für hochqualifizierte Zuwanderer."[9]

Gleichzeitig wird anderseits die Rückkehrförderung offizieller Bestandteil bundesdeutscher Migrationspolitik. Die „freiwillige Rückkehr", so lässt sich auf der Website des BAMF nachlesen, „ist eine wichtige Komponente deutscher Ausländerpolitik. Sie genießt Vorrang vor der zwangsweisen Rückführung und ermöglicht eine konfliktfreie Beendigung des Aufenthalts eines in Deutschland Ausreisepflichtigen."[10] Die Idee der „freiwilligen Rückkehr" geht auf eine relativ frühe Phase von Migrationspolitik zurück. In den 1980er-Jahren wurden bereits Rückkehrprogramme eingesetzt, um Arbeitsmigranten und -migrantinnen dazu zu bewegen, ihren Aufenthaltsstatus und ihre Rentenansprüche in Deutschland aufzugeben. Zu Recht spricht Ayhan Kaya (2012, 43 f.) von einer Integrationspolitik der Ära-Kohl, die jenen einen Aufenthalt gewährt, die bereit waren, sich zu assimilieren, während die anderen möglichst abgeschoben werden sollten.

Auch heute noch scheint es legitim, öffentlich darüber zu diskutieren, ab wann es „in Ordnung ist", Menschen, die hier geboren und aufgewachsen sind, abzuschieben. Die offizielle Rückkehrförderung zielt nun vor allem auf undokumentiert Eingewanderte, Menschen mit einer Duldung und Asylsuchenden, deren Antrag auf Asyl negativ beschieden wurde. Dem BAMF zufolge bietet die

> „freiwillige Rückkehr [...] eine humane, nachhaltig wirkende und sichere Alternative zur Rückführung. Sie basiert auf einer informierten und freien Entscheidung des

---

9 Siehe: http://www.bamf.de/DE/Willkommen/Aufenthalt/WichtigeInformationen/wichtigeinformationen-node.html (1. Juli 2013).

10 Siehe: http://www.bamf.de/DE/Rueckkehrfoerderung/Foerderprogramme/foerderprogramme-node.html (1. Juli 2013).

> Rückkehrwilligen. Ausreisepflichtigen Personen und auch Personen, die aus anderen Gründen in ihre Heimatländer zurückkehren wollen, soll somit eine Perspektive geboten werden. [...] Hierbei wird die Sicherheit und Nachhaltigkeit im Heimatland der Rückkehrer angestrebt."[11]

Bei dem Begriff *freiwillige Rückkehr* handelt es sich freilich um einen Euphemismus für Abschiebung, also Deportation. Nicht zufällig wird auf den Seiten des BAMF darauf hingewiesen, dass auch bei einer freiwilligen Rückkehr kein Rechtsanspruch auf finanzielle oder sonstige Unterstützung besteht. Während im Inneren Ordnung und Sicherheit durch Integrationspolitik das erklärte Ziel ist, werden nicht nur die Deportationsstrategien verfeinert, sondern parallel dazu auch die Außengrenzen der EU mit viel technischen Aufwand gesichert.

Frontex, die „Europäische Agentur für die operative Zusammenarbeit an den Außengrenzen", verfügt über ein jährliches Budget von 88 Millionen Euro. Mit dem Geld werden nicht nur die über 250 Mitarbeitenden finanziert, sondern auch Schiffe, Militärhubschrauber, Waffen und hochmoderne Grenzkontrollinstrumente. Auf der Frontex-Website werden Menschen, die Grenzen ohne die notwendigen Dokumente passieren, als kriminell bezeichnet. Legitim erscheint dagegen die Abdrängung von Menschen in karge Wüstengebiete – etwa in Libyen oder Marokko –, wo Ausreisezentren aufgebaut wurden, in denen Migranten und Migrantinnen festgehalten werden, die auf den Weg nach Europa waren. Die Hilfe für migrierende Menschen auf hoher See wird indessen nicht mehr als eine unhinterfragbare moralische Praxis erachtet. Und während die Grenzen als verletzlich beschrieben werden, werden die Menschen, die diese überschreiten, folgerichtig als Gefahr angesehen.

---

11 Ebd.

Besonders bemerkenswert ist der Einsatz sozialwissenschaftlicher Forschung, derer sich Frontex bedient, um etwa Krisenherde frühzeitig auszumachen, Migrationsbewegungen zu verfolgen und vorherzusehen. Es ist dies quasi eine Erinnerung daran, dass Forschung immer auch in den Dienst von Herrschaftssicherung genommen werden kann. Das Zusammentreffen von Militärwissen, sozialwissenschaftlicher Datensammlungen und Beobachtungen gepaart mit den modernsten technologischen Errungenschaften zur Kontrolle der Beobachtung von Grenzbewegungen (Laser, biometrische Erfassung, genetische Tests etc.) ist nur als erschreckend zu beschreiben. Operationen, die wie in den besten James-Bond-Filmen Namen wie *Hera* und *Poseidon* tragen, und Arbeitsgruppen für den schnellen Einsatz an wechselnden Grenzen unter dem Namen *RABIT* (Rapid Border Intervention Teams) lassen einen nur schwer nachvollziehbaren Zynismus der Organisation durchscheinen, die von den Ländern der EU auch in Zeiten der Finanzkrisen großzügig finanziert und ideologisch getragen wird. Mit dem Aufbau von Frontex wurde 2004 begonnen, 2005 trat das Zuwanderungsgesetz in der Bundesrepublik in Kraft und 2007 wurde der Nationale Integrationsplan (NIP) beschlossen. Das 21. Jahrhundert ist das Jahrhundert von Integration *und* Sicherheit.

2.2 Rhetorik der Nicht-Integrierung

Im Nachfolgenden werde ich mich nun dem Integrationsdiskurs in einer problematisierenden Geste annähern. Das heißt, ich werde der Frage nachgehen, wann und wie Integration zu einem sozialen Problem erklärt worden ist und wer vom Integrationsdiskurs eigentlich profitiert. Damit soll auch die Funktionalität und besondere Rationalität des Diskurses transparent gemacht werden. Judith Butler zitierend möchte ich dabei zu Beginn „um Geduld bitten, da sich zeigt, dass Kritik eine Praxis ist, die eine gewisse Geduld fordert, wie das Lesen nach Nietzsche von uns verlangt, ein wenig mehr wie Kühe als wie Menschen zu handeln und die Kunst des langsamen Wiederkäuens zu erlernen" (Butler 2001, o.S.). Problematisierung verlangt nach einer Historisierung. Um den aktuellen Integrationsdiskurs verstehen zu können, muss deswegen immer wieder ein Blick in die Geschichte der Migrationsregimes geworfen werden.

Ausländerpolitik wie auch Integrationspolitik, die diese abgelöst hat, war und bleibt von dem seltsamen Paradox bestimmt, Integration bzw. Anpassung zu fordern und gleichzeitig die Nicht-Integration zu befördern. In diesem Zusammenhang ist die Bezeichnung „Gastarbeiter/innen", die neuerdings ein Comeback erlebt, besonders interessant. So wie in den 1950er- und 1960er-Jahren Arbeitsmigranten und -migrantinnen aus den Peripherien Europas über Anwerbeabkommen in die Bundesrepublik kamen, so sind es heute wieder Menschen aus Spanien, Italien, Portugal und Griechenland, die ihr Glück in Deutschland suchen. Allerdings handelt es sich bei letzteren eher um gut ausgebildete Frauen und Männer, die ihren von finanziellen Krisen und Austeritätspolitiken gebeutelten Herkunftsländern zu entfliehen suchen. Die Migration aus EU-Ländern, die von der Finanzkrise besonders betroffen sind, steigt deutlich an. Laut Bundesministerium des Inneren (BMI) wurden in 2011 aus Griechenland 84,2 % und aus Spanien 30,6 % mehr Zuzüge als im Jahr 2010 registriert. (BMI 2013, 18). Nunmehr ist von den *neuen Gastarbeitern* die Rede.[12] Bereits 2011 hatte die Bundeskanzlerin im Zusammenhang mit der erneuten Anwerbung von qualifizierten jungen Menschen aus Spanien betont:

12 Auf Spiegel Online findet sich eine Seite mit Filmen und Reportagen (siehe: http://www.spiegel.tv/themen/die-neuen-gastarbeiter [1. Juli 2013]) und auch die Süddeutsche Zeitung titelte im Juni 2013 mit „Die neuen Gastarbeiter".

> „Es ist ein Stück gelebte europäische Solidarität, wenn wir sie unterbringen. Wir schlagen dabei zwei Fliegen mit einer Klappe. Diese jungen Leute habe eine Zukunftsperspektive. Und wir lösen unser Problem."[13]

Die Artikel, die in der Presse zu diesem Thema seit 2011 zu lesen sind, ähneln in frappierender Weise denen aus den 1960er-Jahren. Wieder ist etwa vom Heimweh, den Sprachproblemen und der fehlenden Sonne in Deutschland die Rede. Erstaunlich. Und doch wird der Unterschied zwischen den alten und neuen Gastarbeiter/innen markiert. So lesen wir im Spiegel unter dem Titel „Der deutsche Traum":

> „Doch die neuen Gastarbeiter stehen nicht am Fließband, sondern im Universitätslabor. Sie erledigen nicht die Arbeit, für die sich andere zu schade sind, sondern sie beziehen Eckbüros, werden Oberärzte, entwerfen Produkte, die andere bestellen. Sie sind besser ausgebildet und selbstbewusster als frühere Migrantengenerationen und sehen sich deshalb weder als Gäste noch als Arbeiter" (Becker u.a. 2013, 31).

Der Begriff „Gastarbeiter" ist Produkt eines Alltags- und Mediendiskurses. Er beschreibt Menschen, die nach Deutschland migrieren um zu arbeiten und dies im Status des fremden Gastes tun. Diese zweifache Bedeutung des Begriffs ist eine Beschreibung, die zum normativen und disziplinierenden Anspruch wird. Foucault folgend ist Disziplin dabei „wesentlich zentripetal". Disziplin hält zusammen, konzentriert, zentriert und schließt ein. „Die ursprüngliche Geste der Disziplin besteht nämlich darin, einen Raum zu umschreiben, in der ihre Macht und ihre Machtmechanismen voll

13 Siehe: http://www.handelsblatt.com/politik/deutschland/eurokrise-deutschland-soll-erneut-gastarbeiter-anwerben/3822836.html (1. Juli 2013).

und uneingeschränkt zum Tragen kommen" (Foucault 2006, 73). Das Einschließen wird im Konzept der Gastarbeit jedoch immer gleichzeitig mit dem potenziellen Ausschluss formuliert.

Auch die neuen Gastarbeiter/innen werden mit dem Zusatz willkommen geheißen, dass sie sich gerne temporär in Deutschland aufhalten dürfen. Mit derselben Rhetorik hat die sozialdemokratische Regierung einige Jahre zuvor um Computeringenieure in Indien geworben. So erlebte auch das Rotationsprinzip Mitte der 1990er-Jahre ein symbolisches und faktisches Comeback. Die angebliche *neue* Migrationspolitik ist im Grunde eine Retro-Migrationspolitik. Bemerkenswert ist auch die evidente Integrationslogik: Die ehemaligen Gastarbeiter/innen sollten nicht integriert werden, die neuen brauchen es nicht. Für die erste Generation gab es keine Deutschkurse, keine Orientierungskurse, dafür wurde für eine räumliche Segregation gesorgt. Die restriktive Handhabung bei der Vergabe von Aufenthaltstiteln und Visa komplettierte die Praxis der Nicht-Integrierung.

Hieran zeigt sich unter anderem, dass Integrationspolitik als eine Klassenpolitik gelesen werden muss, die sich in ihrer Rhetorik rassistischer Muster bedient. Hochqualifizierte Migranten und Migrantinnen aus Europa sind willkommen, diejenigen ohne Bildungsabschlüsse und Geflüchtete aus nichteuropäischen Ländern sind es nicht. Der oft negierte Zusammenhang von Migrationspolitik und Rassismus, Klassismus ist hier mehr als offensichtlich. Vorausgesetzt wird immer die Arbeitsfähigkeit und dass das Sozialsystem nicht belastet wird. Im Gegenteil soll letzteres entlastet werden. Dabei verstört, dass die Gastarbeitenden der ersten Generation wie auch die Nachfolgegenerationen oft als bildungsfern bezeichnet werden, derweil die aktive Praxis des Fernhaltens von Bildung de-thematisiert wird. Kinder von Migranten und Migrantinnen gehören zu den Menschen, die von Bildung entfernt werden. Ihnen wurde und wird eine Bildung vorenthalten, die es ihnen ermöglichen würde, sozial aufzusteigen, ihre Rechte einzuklagen und sich politisch Gehör zu verschaffen. Nicht zufällig setzte mit dem PISA-Schock ein Nachdenken über eine inklusivere Bildung in Deutschland ein. Doch noch sind wir weit von einer migrationsanerkennenden Pädagogik entfernt (siehe hierzu: Mecheril u.a. 2010).

Der Staat unterstützt einerseits „Integrationswillige" und verschweigt anderseits, dass die Bildungschancen von Migranten und Migrantinnen in nur wenigen Ländern so schlecht sind wie in Deutschland. Auch eine hohe Qualifizierung ändert oft nichts an Diskriminierung auf dem Arbeitsmarkt. Die Beschäftigungsquote bei migrantischen Hochschulabsolventen und -absolventinnen lag 2007 laut OECD-Studie bei nur 68 %. Selbst für in der Bundesrepublik geborene migrantische Kinder, die ihre komplette Ausbildung in Deutschland absolviert haben, sind die Beschäftigungschancen geringer als für Personen, die keinerlei Migrationserfahrungen haben (vgl. OECD 2007). Gemessen an diesen Ergebnissen scheint die im NIP gewählte Formulierung, dass hierfür „möglicherweise auch gesellschaftliche Wahrnehmungen" verantwortlich sind, verblüffend verharmlosend.

3. Integration und Gouvernementalität

> „[E]s geht nicht nur darum, gegen diese oder jene staatliche Forderung Einspruch zu erheben, sondern darum, nach der Ordnung zu fragen, in der eine solche Forderung lesbar und möglich wird. Und wenn der Einspruch sich gegen die epistemologischen Anordnungen richtet, die die Regeln staatlicher Geltung eingeführt haben, verlangt das ‚Nein-Sagen' zur Forderung die Abwendung von

diesen etablierten Geltungsgründen, mit der ihre Grenze markiert wird; das ist etwas ganz anderes und weitaus Gewagteres, als eine gegebene Forderung für ungültig zu erachten" (Butler 2001, o.S.).

Nicht selten fungiert Integration als universale Erklärung für jegliches Verhalten von Migranten und Migrantinnen – positiv oder negativ: Ob die Tochter türkischstämmiger Eltern erfolgreich in der Schule ist oder ein marokkanischer Rentner, der 40 Jahre in Deutschland gearbeitet hat, eine *Tagine* zum Essen bevorzugt – in beiden Fällen kann dies mit vollbrachten oder eben versagten Integrationsleistungen begründet werden. Bei der erfolgreichen Tochter sprechen wir von einer gelungenen Integration, beim Rentner mit Vorlieben für marokkanisches Essen wird gerne eine mangelnde Integration attestiert. Erfolgreich können Menschen, deren Eltern nicht in Deutschland geboren sind, nur sein, wenn sie sich um Integration bemühen. Und wenn Menschen, die nach Deutschland eingewandert sind, immer noch das essen, was mit „Essen aus der Heimat" assoziiert wird, so wird dies gerne als Indiz für eine mangelnde Integration betrachtet.

Es handelt sich hierbei keinesfalls um polemische Beispiele, sondern leider um eine gelebte Argumentationsrealität. Grund für diese seltsam schematischen Begründungen ist, so meine These, unter anderen die sehr verspätete politische Anerkennung der bundesdeutschen Einwanderungssituation und die aktive Vergessenspolitik vis-à-vis Migration. Heute verfügen nur sehr wenige Bürger/innen ohne Migrationserfahrung über ein fundiertes Wissen zur Migrationsgeschichte der BRD und DDR nach 1945. Gleichzeitig scheint die Mehrheit immer noch an der Vorstellung von „Migration als Störfall" festzuhalten. Migration wird weiterhin nicht als Normalzustand begriffen.

Um besser verstehen zu können, wie Integrationspolitiken funktionieren, lohnt ein Blick auf das, was Foucault als Gouvernementalität bezeichnet hat. Denn mit dem Konzept der Gouvernementalität wird ein Regierungshandeln und dessen Strategien beschrieben, die das übliche Staatslenken überschreiten. Es handelt sich um ein Bündel von Institutionen und Verfahren, die die Bevölkerung in den Fokus nehmen. Die Bevölkerung, ihre Arbeitskraft, ihre Lebensformen, ihr Konsum, ihre Vorlieben und ihr Wachstum werden zum Gegenstand von Intervention und regulierender Kontrollen:

> „Statt als Ausdruck der Macht des Souveräns tritt die Bevölkerung vielmehr als Zweck und Instrument der Regierung auf. Die Bevölkerung tritt als Subjekt von Bedürfnissen und Bestrebungen, aber ebenso auch als Objekt in den Händen der Regierung hervor" (Foucault 2000, 61).

Es lässt sich hiermit einerseits aufzeigen, wie die Regierung ihre Macht entfaltet, ohne dabei zwingend auf die Androhung von Strafe rekurrieren zu müssen. Ähnlich wie in Antonio Gramscis Hegemoniekonzept geht es bei der Gouvernementalität um die Produktion von Konsens, aber eben über die Anregung von Selbstregierungs- bzw. Disziplinierungsprozessen. Die Bevölkerung zu führen, so Foucault, „heißt, sie […] in der Tiefe, in der Feinheit und im Detail zu führen" (ebd., 63). Normalisierung und Disziplinierung sind die bevorzugten Taktiken, die zum Einsatz kommen, um die Bevölkerung zu lenken, ihre Bewegungen, Vorlieben und Verhalten zu steuern.

Integrationspolitiken können problemlos als Normalisierungs- und Disziplinierungsregimes analysiert werden. Sie setzen die Vorstellung von „integriert" als normal und richtig durch. Es ist dann auch verständlich, warum die zunehmende Ausgrenzung migrantischer Subjekte begleitet wird von immer neuen Integrationsforderungen. Integration ist ein *double bind*: ermöglichend und ausgrenzend zugleich. So finden sich im ersten Konzept der Integrationskurse unter den mehr als zweifelhaften Punkt „Kultur" Inhalte wie „deutsches Zeitverständnis" und „ deutsches Menschenbild" (BAMF 2005, 22). Das Stereotyp der deutschen Tugend Pünktlichkeit steht hier wieder einmal dem Vorurteil gegenüber, dass Migranten und Migrantinnen Pünktlichkeit erlernen müssen.

Gouvernementalität operiert darüber hinaus mit der Parzellierung der Bevölkerung. Wie bereits beschrieben, werden differente Migrationspopulationen diskursiv produziert. Diesen werden unterschiedliche Rechte gewährt und ungleiche Räume zugewiesen: Sammelunterkünfte für Geflüchtete und Wohnungen gehobener Qualität für hochqualifizierte Migranten und Migrantinnen. Die Parzellierung ist produktiv. Sie weist einigen wenigen mehr Chancen zu als anderen und bringt Gemeinschaften hervor, die dann besser zu steuern und zu kontrollieren sind. Sogenannte Communities werden „zu Zonen, die erforscht, dargestellt, klassifiziert, dokumentiert und interpretiert werden" (Rose 2000, 81). Migranten und Migrantinnen werden als in Communities lebend vorgestellt. Hier erhält sich ein ethnologischer Blick, der die anderen als Andere fixiert.

Überdies wird mit der Integrationspolitik, die im NIP transparent wird, Integrationsfähigkeit zu einem neuen identitätsbestimmenden Moment. Mithilfe der Medien werden die phantasmatischen Selbstverhältnisse „integrierter Subjekte" wie auch der neue Typus des „unintegrierten Migranten" hervorgebracht. Sich integrationsfähig zu zeigen, ist eine unhintergehbare Erfordernis für sozial mobile Migranten und Migrantinnen. Wer sich nicht integriert, bleibt gewissermaßen notwendiger- und gerechtfertigterweise auf der Strecke.

3.1 Fördern und Fordern

Die Maxime der Integrationspolitik lässt sich in den knappen Satz „Fördern und Fordern" zusammenfassen, den die wechselnden Regierungen geradezu wie ein Mantra ständig wiederholen, wenn von Migranten und Migrantinnen die Rede ist. Der Integrationsdiskurs zeigt sich hier in aller Klarheit eingelassen in die Logik des aktivierenden Staates. Das Leitbild des „aktivierenden Staates", das seit den 1990er-Jahren eine weite Verbreitung und politische Zustimmung erfährt, geht von der Prämisse aus, dass der Staat Bedingungen herstellen soll, die mehr zivilgesellschaftliches und individuelles Engagement hervorbringen (vgl. etwa Behrens 2005). Das Aktivierungskonzept scheint dabei „Antworten auf zentrale Herausforderungen des Sozialstaats [...] zum Beispiel auf die Ressourcenverknappung, das Steuerungs- oder auch auf das Legitimationsdefizit" zu versprechen (Trube 2002, 621).

> „Die Verantwortung der Regierung wird als notwendig anerkannt, aber unter der Voraussetzung, daß Abhängigkeit von staatlichen Leistungen vermieden wird. Der persönliche und gesellschaftliche Fortschritt sind ebenfalls notwendig, sofern die Folgen für die Individuen, den Staat und die Gesellschaft als Ganzes berücksichtigt werden" (Heron 2000, 50).

Der NIP – wie übrigens auch die Sozialpolitik insgesamt – ist von dieser Logik und Strategie deutlich bestimmt. Alles, was die Integration fördern soll, wird auch gefordert: Sprachkenntnisse, die Annahme bestimmter Normen und Werte, ein spezifisches Heirats- und Reproduktionsverhalten etc. Die Ausgegrenzten sollen sich selbst um Arbeit bemühen und sogar die Wahl des Partners bzw. der Partnerin soll Integrationswilligkeit anzeigen.

Auf den ersten Blick ist eigentlich nicht nachvollziehbar, warum das Zuwanderungsgesetz, wie tatsächlich geschehen, kurz vor dem zweiten Integrationsgipfel im Juli 2007 verschärft wurde. Erst ein zweiter Blick verdeutlicht, dass etwa der Zusatz, der verpflichtende Nachweise von Deutschkenntnissen vor der Einreise für einwanderungswillige Ehepartner/innen verlangt, nur denjenigen die Einreise, erschwert, die in Deutschland nicht willkommen sind. Bemerkenswerterweise sind nämlich Migranten und Migrantinnen aus Ländern wie USA, Japan und Australien von der Regelung ausgenommen. Die offizielle Begründung lautet, dass diese wenig Integrationsbedarf hätten. Außerdem werden einige Visumsregelungen aus angeblichen Sicherheitsgründen verschärft und festgelegt, dass diejenigen, die die Werte des Grundgesetzes missachten, ungeachtet ihrer Aufenthaltstitels ausgewiesen werden können. Die gouvernementale Taktik der Parzellierung übersetzt sich in Restriktionen für einige – nicht für alle – Migranten und Migrantinnen.

Die Proteste gegen diese Verschärfungen blieben allerdings weitgehend ungehört und die Weigerung einiger Repräsentanten und Repräsentantinnen von Migrationsverbänden, an dem Integrationsgipfel teilzunehmen, wurde von Regierungsseite als nicht akzeptables Druckmittel beschrieben. An diesen kurzen Episoden des Protests lassen sich vor allem die Kräfteverhältnisse des viel gepriesenen Dialogs bestimmen. Zu den Integrationsgipfeln – wie auch zur Islamkonferenz – wurden migrantische und/oder muslimische Vertreter/innen eingeladen, die nicht demokratisch gewählt, sondern von Regierungsseite ausgewählt wurden. Diese nach feudalen Prinzipien Auserwählten erhielten die Möglichkeit, über Integrationsmaßnahmen zu diskutieren und der Regierung Strategien zu empfehlen. Sie verfügten damit über eine staatliche Legitimation, aber über kein Mandat derjenigen, die sie auf den Integrationsgipfeln und der Islamkonferenz vertraten. Zeitgleich verschärfte die Regierung das Zuwanderungsgesetz und hielt den Protest dagegen für unzulässig, womit deutlich markiert wird, welche Position den beratenden Migrationsverbänden in der Integrationspolitik zugewiesen wird.

Im 2007 entworfenen NIP verpflichtete sich die Bundesregierung, Länder und Kommunen, Migranten und Migrantinnen besser beruflich zu integrieren, die Sprachförderung vor und in der Schule auszubauen und sich auch um den akademischen Nachwuchs nichtdeutscher Herkunft zu bemühen. Vorgesehen waren auch die Entwicklung integrativer Programmformate für das Fernsehen im Rahmen von Ideenwerkstätten (Presse und Informationsamt der Bundesregierung 2007). Anlässlich der Vorstellung des NIP erklärte die Bundeskanzlerin, dass einigen der 15 Millionen Menschen mit „Zuwanderungshintergrund" bei der Integration noch „geholfen werden" müsse. Es sei erforderlich, dass sie die deutsche Sprache erlernten und „unsere Rechtsordnung" akzeptierten. Die Bundeskanzlerin spricht damit direkt das „deutsche Volk" an und spricht davon, was das *Wir* tun muss und was von *den Anderen* erwartet wird. Dass Migranten und Migrantinnen „geholfen" werden solle, die geltende Rechtsordnung zu akzeptieren, ist dabei eine Aussage, die Migranten und Migrantinnen nicht nur infantilisiert, sondern sie auch erneut als undemokratisch stigmatisiert. Und das, obschon klar geworden sein sollte, wie wenig demokratisch die Verhandlungen um Migration und Integration vonstatten gehen.

Die Tatsache dagegen, dass Arbeitsmigranten und -migrantinnen kurz nach dem Ende des Nationalsozialismus deutliche Demokratisierungsprozesse in Gang setzten – indem sie etwa gewerkschaftlich aktiv waren und sich gegen schlechte Arbeitsbedingungen zur Wehr setzten (vgl. etwa Motte/Ohliger 2004) – wird von der Politik und den Bildungsinstitutionen aktiv de-thematisiert.

1961 streikten etwa in der Kölner Schokoladenfabrik „Stollwerk“ 76 17- bis 18-jährige spanische Arbeiterinnen, weil sie weniger Lohn erhielten als die 20-jährigen, obwohl sie dieselbe Arbeit erledigten. Es war ein „wilder Streik“, der erst nach Tagen beendet werden konnte und der zeigt, dass es keineswegs so war, dass die Frauen der ersten Einwanderergeneration lediglich brav ihre Arbeit gemacht hätten, ohne sich um die Bedingungen zu kümmern, unter denen diese getan werden musste (vgl. Mattes 2005, 109). Die mangelnden Partizipationsmöglichkeiten mündeten zudem in Kämpfen für ein kommunales Wahlrecht und gegen rassistische Strukturen. Und es waren auch Migranten und Migrantinnen, die auf die Kooperation der Bundesrepublik Deutschland mit faschistischen Staaten und Militärdiktaturen – etwa Spanien, Portugal, die Türkei und Griechenland – öffentlich aufmerksam machten und dies skandalisierten. Seit einigen Jahren wird in anderen Ländern jeden 1. März zu transnationalen „Migrant_innenstreiks“ aufgerufen.[14] Diese zeitigen den angenehmen Effekt, dass erneut über Widerstand reflektiert wird. So bemerkt Petja Dimitrova aus Österreich:

> „Meine Erfahrung aus den Mobilisierungprozessen war, dass es hinsichtlich des Streikbegriffs immer wieder Erklärungsbedarf gab. Im ersten Moment war der Streikaufruf für einige Leute verunsichernd, manche haben ihn mit Skepsis aufgenommen. Nach Gesprächen und ‚Vorschlägen‘, was Streik alles bedeuten kann, auch im Sinne von ‚die Normalität begreifen und sie bestreiken‘, ist der Begriff in einem antirassistischen Sinn recht positiv aufgenommen worden“ (in Malmoe 2011, o.S.).

14 Siehe: http://www.1maerz-streik.net/ (1. Juli 2013).

3.2 Sicherheits- und Integrationsdiskurse

Migrationsprozesse müssen, werden sie einer kritischen Betrachtung unterzogen, nicht nur im Zusammenhang mit kapitalistischen Bedingungen, sondern auch mit globalen Herrschaftsstrukturen analysiert werden, denn erst dann macht die irritierende diskursive Dichte von Sicherheits- und Migrationsdiskursen Sinn (vgl. Scherr 2010). Die dargelegte Abschottung Europas erscheint zwar in Anbetracht der demografischen Prognosen wenig sinnvoll, folgt aber kolonialen rassistischen Logiken, die nach wie vor durchsetzungsfähig sind. Dies gilt auch dann, wenn die Konsequenzen für die Wirtschaft eher negativ sind. So werden im Integrationsdiskurs als Migranten und Migrantinnen vornehmlich Menschen aus sogenannten muslimischen und/oder postkolonialen Ländern verstanden. Es ist ebenso nur auf den ersten Blick erstaunlich, dass Geflüchtete im NIP nur eine randständige Rolle spielen. Geflüchteten Menschen soll der Zugang erschwert werden; Integration ist hier kein Thema.

In den letzten Jahren waren dagegen gerade sie es, die immer wieder auf die Unmenschlichkeit der Migrationsregimes aufmerksam gemacht haben. Die Proteste, Demonstrationen, Konferenzen und Streiks geflüchteter Menschen und die Reaktion der Mehrheitsbevölkerung auf diese haben geradezu ein Gegenbild zu dem Selbstimage Europas als liberal, tolerant und humanistisch sichtbar werden lassen. Residenzpflicht, unmenschliche Unterbringungen, das Fernhalten von sozialen Grundleistungen (etwa Zugang zu Bildung und Arbeit, eigenen Wohnraum und umfassender sozialer Versorgung) haben gemeinsam mit einem aggressiven Mediendiskurs, der Geflüchtete konstant kriminalisiert, zu einer breiten Entsolidarisierung der Mehrheitsbevölkerung geführt. Dessen ungeachtet beschreiben Asylsuchende ihr politisches Tun wie folgt:

„Wir, die streikenden Asylsuchenden, analysieren wie bereits zuvor das Phänomen ‚Flüchtling' stets im Kontext der existierenden politischen und wirtschaftlichen Strukturen. Dass wir uns dabei auch mit dem Phänomen ‚Kapitalismus' und dessen Auswirkungen befassen, ist dabei nahe liegend. [...] Damit treten wir bewusst dem gängigen Bild von ‚Flüchtlingen' entgegen, einem Bild von unfähigen, hilflosen Menschen, die lediglich auf der Suche nach Zuflucht sind."[15]

Wenn bedacht wird, dass das Recht auf Schutz vor politischer Verfolgung als eine Reaktion auf die politisch-moralische Katastrophe der nationalsozialistischen Terrorherrschaft formuliert wurde, sind die unrühmlichen Praxen der Bundesrepublik Deutschland im Umgang mit Asylsuchenden mehr als bedenklich. Es zeigt sich, wie der Grundrechte-Report 2013 prägnant festhält:

„Wenn es um hier lebende Flüchtlinge und Migranten geht, werden Verfassungsrechte nur widerwillig umgesetzt. So werden ganze Gruppen marginalisiert und an den sozialen Rand der Gesellschaft gedrückt" (Pelzer 2013, 29).

Die Diskriminierungsrealität steht dabei dem Sicherheitsdispositiv geradezu diametral entgegen. Hier mutieren die Opfer zu potenziellen Tätern, während von der Regierung der Wille zur Denunziation gefordert wird, was besonders in der relativ neuen Initiative „Sicherheitspartnerschaft" zum Ausdruck kommt.

15 6. Pressemitteilung der hungerstreikenden Asylsuchenden in München, Juni 2013, http://www.refugeetentaction.net/index.php?lang=de (1. Juli 2013).

3.2.1 Sicherheitspartnerschaft

„Den Menschen im Blick. Schützen. Integrieren" lautet der Slogan des BAMF.[16] Wie bei jeden guten Slogan sollen auch hier einige wenige Worte die Philosophie der Institution prägnant auf den Punkt bringen. Die Begriffe „Schützen" und „Integrieren" deuten direkt auf die problematische Verquickung von Sicherheits- und Integrationsdiskursen, die in den letzten zehn Jahren deutlich zu beobachten ist, während die Formulierung „den Menschen im Blick", die damit einhergehende Kontrolllogik gut sichtbar werden lässt.

Der Integrationsdiskurs wiederholt beständig, dass es unüberwindbare Differenzen gibt, wobei im gleichen Atemzug mit den angeblichen kulturellen auch Modernitätsdifferenzen betont werden. Migranten und Migrantinnen, insbesondere diejenigen, die nicht aus europäischen Ländern stammen, können ihre Integration letztlich nur unter Beweis stellen, indem sie deutlich machen, dass sie „modern" sind. Wer allerdings nicht christlich sozialisiert wurde oder Staatsbürger/in eines postkolonialen Landes ist, bleibt dennoch verdächtig: ein Sicherheitsrisiko. Insbesondere nach den Anschlägen auf die Twin Towers in New York am 9. September 2001 wurde, wie Kaya feststellt, der Fokus des Sicherheitsdiskurses (*securitisation*) auf die Migration gelegt, was eine Stigmatisierung von Migranten und Migrantinnen – insbesondere muslimischer – zur Folge hatte und Migrantinnen und Migranten zu Anti-Bürger/innen geraten ließ (vgl. Kaya 2012, 7 ff.).

Wenn bereits die Integrationsgipfel wie eine Farce anmuten, in der der Bevölkerung vorgespielt wird, wie wichtig der Regierung ein friedliches Zusammenleben mit der migrantischen Bevölkerung ist, so mutet die vom Innenministerium im Jahre 2011 auf-

16 Siehe: http://www.initiative-sicherheitspartnerschaft.de (1. Juli 2013).

gelegte Initiative „Sicherheitspartnerschaft" geradezu grotesk an. Nicht zufällig hat diese bei den Mitgliedern der Islamkonferenz für Unmut gesorgt. Muslimische Verbände machten nicht nur darauf aufmerksam, dass nach wie vor die Bundesregierung den Islam nicht als ein Teil der Bundesrepublik wahrnehme, sondern dass die Aufforderung zur Zusammenarbeit der muslimischen Verbände in einer Sicherheitspartnerschaft im Grunde zudem eine Anstiftung zum Denunziantentum sei. Die geplante Ausgestaltung und Durchführung dieser als Sicherheitsmaßnahme bezeichneten Partnerschaft stehe, so die muslimischen Verbände, im klaren Widerspruch zum Ideal einer freiheitlichen demokratischen Gesellschaft. Auch hier wird erneut auf ein deutliches Demokratiedefizit hingewiesen, welches im Umgang mit dem Thema Migration und Flucht immer wieder aufscheint.

Die Ereignisse rund um die Islamkonferenz verdeutlichen, dass es im Zuge der Integrationsdebatten zu einer Bedeutungsfixierung gekommen ist, die letztlich nicht nur in einer folgenreichen Exklusion mündet, sondern auch einem nationalen Chauvinismus in die Hände spielt, der nicht zufällig während der Fußballweltmeisterschaft 2006 und -europameisterschaft 2008 medial zelebriert wurde. Das Bild der „doppelten Herzen", die angeblich in der Brust von eingebürgerten Spielern schlägt, ist hier symptomatisch. Loyalität wird erwartet, wenn eine Integration gelingen soll.

Der NIP muss als eine offizielle Positionierung und bedeutsame Inszenierung der Regierung zum Thema Migration gelesen werden. Er wurde mit so viel Marketinggeschick lanciert, dass in der Bevölkerung mehrheitlich der Eindruck entstand, jedem und jeder wäre bei der Erstellung des NIP ein Mitsprachrecht gewährt worden. Das semantisch-diskursive Feld, welches im NIP „Integration" und „Einbürgerung" mit „Sicherheit" und „demografischer Wandel" verkoppelt, ist dabei kein zufälliges. Diese wirkmächtigen Verknüpfungen lassen Migrationssubjekte zu Objekten der Angst *und* der Hoffnung werden. Die *double bind*-Situation, in der Migranten und Migrantinnen festgehalten werden, spiegelt sich im NIP nicht nur in Perfektion wider, sondern wird gerade aktiv durch diese Art Integrationspolitiken hervorgebracht. Migration wird zwar beständig affirmiert, doch Migranten und Migrantinnen werden zeitgleich als nichtzugehörig angerufen. Noch im Jahre 2005 zeigten die Ergebnisse der *Population Policy Acceptance Study* (PPAS) wenig überraschend, dass „die ausländische Bevölkerung stärker mit Kriminalität und Terror in Verbindung gebracht" wird als die deutsche Bevölkerung. Die Aussage „die Zunahme der ausländischen Bevölkerung begünstigt die Ausbreitung von Kriminalität und Terrorismus" fand bei 61,8 % Zustimmung. Nur 17,8 % stimmte an dieser Stelle nicht zu (Bundesinstitut für Bevölkerungsforschung 2005, 51).

Migranten und Migrantinnen müssen unter Beweis stellen, dass sie den sozialen Frieden nicht gefährden. Dass dies quasi unmöglich ist, veranschaulicht die diskursive Figur des „Schläfers": Je besser integriert dieser scheint, desto größer ist die potenzielle Gefahr, die von ihm ausgeht. „Verglichen mit anderen Ländern" so Andreas Zick,

> „ist die Zustimmung zu negativen Meinungen über Muslime und den Islam in Deutschland überdurchschnittlich hoch. [...] In der Europastudie wird das deutlich durch eine Ablehnung der Meinung, dass ‚die muslimische Kultur gut in das Land der Befragten passt'. In Deutschland stimmten nur 16,6 % der Befragten dieser Aussage zu; das ist der geringste Anteil verglichen mit allen anderen Ländern" (Zick 2013, 39 f.)

Für Foucault stellt Sicherheit den Mittelwert sozialen Funktionierens dar. Sicherheit wird über Strategien wie Strafe und Disziplinierung modelliert. Sie stellt nicht, wie oft angenommen, einen gesellschaftlichen Idealzustand dar, sondern ist im Gegenteil nur verständlich, weil sie Abweichungen integriert. Das Sicherheitsdispositiv legt dabei die Grenzen des Akzeptablen fest. Das Anormale, das Nicht-Akzeptable wird berechenbar und damit kontrollierbar gemacht (Foucault 2006, 19 f.). Insoweit ist es nur logisch, dass auch beim Nachdenken über Integration die Abweichung immer mitberechnet wird und gleichzeitig Überwachungs- und Kontrolltechniken ohne Widerstand im großen Maßstab zum Einsatz kommen. Das Subjekt der Migration wird damit zu einem *kalkulierbaren* Sicherheitsrisiko. Es handelt sich gewissermaßen um eine Rekodierung der psychologisierenden Erklärung von der „Angst vor dem Fremden", die staatliche und überstaatliche Eingriffe selbst in die Intimsphäre der Bürger/innen möglicht macht, ohne dass sich deutlicher Widerstand rührt. Abhörmaßnahmen, unzumutbare Sicherheitskontrollen an Flughäfen, Kameraüberwachungen in allen öffentlichen Räumen, Erfassung biometrischer Daten auf Pässen, die Begründung für alle diese Maßnahmen ist immer wieder: „Wer nichts zu verbergen hat, hat nichts zu befürchten."

3.2.2 Grenzziehung und Racist Profiling

Wenn auch grenzüberschreitende Mobilität als eine universelle Praxis gelten kann, so haben sich Art und Ausmaß der Wanderungsbewegungen wie auch die Ordnungen, die Grenzen hervorbringen, im Laufe der Zeit grundlegend gewandelt.

Im Vorwort zu „Wahnsinn und Gesellschaft" beschreibt Foucault Grenzen als „obskure Gesten, mit denen die Kultur das zurückweist, was für sie außerhalb liegt". Eine Befragung der Grenzerfahrung bedeutet, die eigene „Kultur" „an den Grenzen der Geschichte über eine Absplitterung, die wie die Geburt ihrer Geschichte ist, zu befragen" (Foucault 1973, 9). Die Grenzziehung zwischen Orient und Okzident ist dabei eine, die für das Selbstverständnis des Abendlandes von entscheidender Bedeutung ist. Denn, so Foucault, „der Orient [...] ist für das Abendland all das, was es selbst nicht ist, obwohl es im Orient das suchen muß, was seine ursprüngliche Wahrheit darstellt" (ebd., 10). Die Grenze ist eine der machtvollsten Diskursformationen der Moderne. Für Foucault ist die Untersuchung dieser Formation auch deswegen als Kritik zu verstehen.

Koloniale Grenzziehungen sind Teil eines eurozentrischen Prozesses des „Welt-machens". Mit einem europäischen Pass in der Tasche kann ich die Welt nahezu ungehindert bereisen. Mit einem togolesischen Pass erscheint die Welt begrenzt, das Reisen beschwerlich. Die territorialen Grenzen zeigen sich dabei verbunden mit körperlichen und imaginierten Grenzen. Geradezu paradigmatisch ist hier die Praxis des „Racial Profiling". Darunter wird eine Methode verstanden, die das physische Erscheinungsbild, etwa Hautfarbe oder Gesichtszüge, einer Person als Entscheidungsgrundlage für polizeiliche Maßnahmen wie Personenkontrollen, Ermittlungen und Überwachungen heranzieht (vgl. etwa Cremer 2013).[17] Deswegen wird im Grundrechte-Report 2013 der Begriff „Racist Profiling" präferiert (vgl. Rotino 2013, 85). Über die Legitimität eines solchen Vorgehens vonseiten der Polizei und Grenzkontrollen ist in den letzten Jahre eine Debatte entbrannt. Die Leiterin des Deutschen Instituts für Menschenrechte (DIM), Beate Rudolf, etwa legt dar:

> „Aus dem Verbot rassistischer Diskriminierung folgt die Pflicht des Staates sicherzustellen, dass Staatsorgane kei-

17 Siehe auch: http://www.stoppt-racial-profiling.de/ (1. Juli 2013).

> nen Menschen aufgrund unveränderlicher Merkmale pauschal verdächtigen. Solche Behandlung missachtet den Anspruch auf Achtung als Gleicher, der jedem Menschen aufgrund seiner Menschenwürde zukommt, und grenzt ihn aus der Gemeinschaft aus. Bei der kritischen Auseinandersetzung mit ‚Racial Profiling' geht es daher nicht um eine Randfrage des Polizeirechtes, sondern um ein Kernanliegen des freiheitlichen und auf Menschenrechten basierenden Rechtsstaates" (Rudolf in Cremer 2013).

Der ausgrenzende und ordnungspolitische Charakter ist hier überdeutlich und konterkariert geradezu eine wohlwollende Integrationspolitik. Es sei denn, eine Integration wird nur denen zugestanden, die den rassistischen Vorstellungen eines weißen Europäers/einer weißen Europäerin entsprechen.

4. „Integration ist eine Feindin der Demokratie"

Das Netzwerk Kritische Migrations- und Grenzregimesforschung initiierte 2010 eine Stellungnahme mit dem Titel „Demokratie statt Integration", um auf die Widersprüche und Problematiken der propagierten Integrationspolitik hinzuweisen:

> „Wir wollen das Offensichtliche klar stellen. Wir leben in einer Einwanderungsgesellschaft. Das bedeutet: Wenn wir über die Verhältnisse und das Zusammenleben in dieser Gesellschaft sprechen wollen, dann müssen wir aufhören, von Integration zu reden. Integration heißt, dass man Menschen, die in diesem Land arbeiten, Kinder bekommen, alt werden und sterben, einen Verhaltenskodex aufnötigt, bevor sie gleichberechtigt dazugehören. Aber Demokratie ist kein Golfclub. Demokratie heißt, dass alle

Menschen das Recht haben, für sich und gemeinsam zu befinden, wie sie miteinander leben wollen. Die Rede von der Integration ist eine Feindin der Demokratie."[18]

Die Stellungnahme wurde am 1. Oktober 2010 in der *tageszeitung (taz)* veröffentlicht und bereits nach einigen Wochen von mehr als 3.000 Menschen unterzeichnet. Hauptauslöser war das Buch „Deutschland schafft sich ab" von Thilo Sarrazin. Die Publikation wurde mittlerweile von den Vereinten Nationen als rassistisch bezeichnet und gilt als das „am schnellsten verkaufte politische Sachbuch seit 1945".[19] Ebendieses Buch sorgte für einen veritablen Höhepunkt in der bundesdeutschen Integrationsdebatte. Die öffentliche Debatte verdeutlicht dabei, wie stark die Vorstellung von Integration mit rassistischen Ressentiments verquickt bleibt. Während der Autor Migranten und Migrantinnen aus Anatolien einen niedrigeren Intelligenzquotienten attestiert, schien plötzlich jede und jeder zu Migration und zur Integrationsfähigkeit der Migranten und Migrantinnen eine Meinung zu haben. Was sichtbar wurde, war bestenfalls ernüchternd.

Der Türkische Bund Berlin-Brandenburg (TBB) stellte aufgrund der Äußerungen Sarrazins in einem Interview der Zeitschrift *Lettre International* Strafantrag wegen Volksverhetzung und Beleidigung bei der Staatsanwaltschaft Berlin. In dem besagten Interview fasste Sarrazin seine Thesen zusammen und behauptete unter anderem, dass türkische und arabische Migranten und Migrantinnen auch in der dritten Generation nur über unzureichende Deutschkenntnisse verfügten, dem weiblichen Lehrpersonal in der Schule nicht zuhörten und sich zudem schneller reproduzierten als jede andere Bevölkerungsgruppe. Das Verfahren wurde zwar eingestellt, die

18 http://demokratie-statt-integration.kritnet.org/ (1. Juli 2013)
19 So zu lesen im Spiegel „Buchmarkt" vom 18. Oktober 2010, http://www.spiegel.de/spiegel/print/d-74549751.html (1. Juli 2013).

daran anschließende Beschwerde des TBB beim UN-Ausschuss für die Beseitigung der Rassendiskriminierung (CERD) war dagegen erfolgreich. Am 4. April 2013 veröffentlichte der CERD seine Entscheidung, in der festgestellt wird, dass Sarrazin eine rassistische Ideologie verbreite und zu „rassistischer Diskriminierung angestiftet" habe. CERD hat die Bundesregierung um eine Antwort auf diese und weitere Vorwürfe innerhalb von 90 Tagen gebeten, in der unter anderem dargelegt werden solle, wie sie in Zukunft mit rassistischen Äußerungen dieser Art umzugehen gedenke.[20]

Anhand dieser letzten Episode im Prozess um Verständigung über Migration im postnationalsozialistischen Deutschland wird deutlich, dass der Weg zu einer akzeptierenden Migrationsgesellschaft noch weit ist. Wenn auch die demokratische Basis sich noch reaktionsfähig zeigt, bleiben rassistische Vorstellungen dominant. Anders ist nicht erklärbar, warum ein Buch wie das von Sarrazin eine solch breite Zustimmung in der Bevölkerung finden konnte. Es scheint so zu sein, dass Deutschland seine Integrationsfähigkeit noch unter Beweis stellen muss.

Fazit

> „Kritik ist die Bewegung, in welcher sich das Subjekt das Recht herausnimmt, die Wahrheit auf ihre Machteffekte hin zu befragen und die Macht auf ihre Wahrheitsdiskurse hin" (Foucault 1992, 15).

In diesem Sinne wäre nach den Wahrheitsdiskursen zu fragen, die die bundesdeutsche Integrationspolitik reproduziert. Ist es tatsächlich so, dass Migrantinnen aus der Türkei weniger integrationsfä-

20 Siehe: CERD-Dokument, http://www2.ohchr.org/English/bodies/cerd/docs/CERD-C-82-D-48-2010-English.pdf (1. Juli 2013).

hig sind als Migranten aus Japan? Brauchen muslimische Migranten und Migrantinnen Hilfe beim Erlernen von Toleranz? Hat die Auseinandersetzung mit dem Nationalsozialismus die deutsche Mehrheitsbevölkerung wirklich zu guten Demokraten und Demokratinnen gemacht? Und sind die europäischen Grenzen tatsächlich zu schützen und wenn ja, gegen wen oder was? Und welche Effekte gehen mit der Beantwortung all dieser Fragen einher? Wer hat eigentlich das Recht, Integration zu hinterfragen?

Integrationspolitiken verweisen nicht nur auf die Brüchigkeit nationaler Einheit, sie verdammen Migranten und Migrantinnen auch dazu, im Raum der Differenz zu verbleiben. Das subjektive Gefühl der Zugehörigkeit, welches sich diese immer wieder hart erkämpfen müssen, wird konstant durch Integrationspolitiken irritiert, die ihnen ihre Integrationsdefizite und -versagen vorspiegeln. Die Integrationspolitik verfolgt den Traum einer Gesellschaft, in der alle dieselben Werte und Normen teilen. Rechte spielen dabei in problematischer Weise eine sekundäre Rolle und ein „Immigrant-bashing" ist, wie Kaya feststellt, in den politischen Arenen zu einem beliebten Sport aufgestiegen (vgl. Kaya 2012, 19 f.). Wie kann aber eine Einheit hergestellt werden, wenn nicht allen dieselben Rechte eingeräumt werden? Und wessen Träume und Begehren begegnen wir im NIP, wenn wir in der Erklärung der Bundesregierung zum ersten Integrationsgipfel lesen:

> „Es gilt, ein gemeinsames Verständnis von Integration zu entwickeln, das wechselseitige Pflichten und Rechte begründet: für Migrantinnen und Migranten wie für die heimische Bevölkerung. Wer Forderungen stellt, muss auch fördern. Wer Rechte beansprucht, muss auch Pflichten erfüllen. Grundlage ist neben unseren Wertvorstellungen und unserem kulturellen Selbstverständnis unsere freiheitliche und demokratische Ordnung, wie sie sich aus der

> deutschen und europäischen Geschichte entwickelt hat und im Grundgesetz ihre verfassungsrechtliche Ausprägung findet."[21]

Dies ist eine wahrlich interessante Zusammenfassung der Integrationspolitik, die Rechte nur jenem zukommen lässt, der auch seine Pflichten erfüllt, während sie gleichzeitig verwaltungstechnische Kontrollmechanismen (in Form von Integrationsplänen, -gipfeln, -kursen, -prognosen und Sicherheitspartnerschaften etc.) zum Einsatz bringt, um die Produktion integrationsfähiger und -williger Subjekte zu verwirklichen: Subjekte, die denselben konservativen, nationalen Traum träumen, in dem „deutsche Werte und Normen" begehrenswerter erscheinen als das Recht, nicht diskriminiert zu werden. Doch wie der Philosoph Ljubomir Bratić bemerkt:

> „... wo es Träume gibt, gibt es auch Albträume. Und so kommt es nicht zur Verwirklichung der Vorstellung von Assimilation. MigrantInnen auf der ganzen Welt zeigen sich renitent" (Bratić 2013, 58).

Soziale Arbeit als zivilgesellschaftlicher Akteur muss den Staat in die Pflicht nehmen. Anstatt die migrantischen Subjekte für die Integration zu aktivieren, wäre es wichtiger, die partizipative Demokratie zu stärken und Migrantinnen und Migranten Rechtssicherheit zu gewähren und Zukünfte zu eröffnen. Der Staat hat Integration nötig. Er sollte sich notwendigen Demokratisierungsprozessen nicht verschließen.

---

21 Siehe: http://www.bundesregierung.de/Content/DE/Archiv16/Artikel/2006/07/_Anlagen/2006-07-14-gutes-zusammenleben-klare-regeln.pdf?__blob=publicationFile&v=2 (1. Juli 2013).

Literatur

Apitzsch, U. (1999): Traditionsbildung im Zusammenhang gesellschaftlicher Migrations- und Umbruchsprozesse, in: dies. (Hrsg.): Migration und Traditionsbildung, Opladen/Wiesbaden, S. 7–20.

Becker, S. u.a. (2013): „Der deutsche Traum", in: Der Spiegel 9/2013, S. 29–40.

Behrens, F. u.a. (Hrsg.) (2005): Ausblicke auf den aktivierenden Staat. Von der Idee zur Strategie, Berlin.

Bendel, P./Haase M. (2008): Warum überhaupt Europa? Bundeszentrale für politische Bildung, http://www.bpb.de (1. Juli 2013).

Bhabha, H. (2000): Die Verortung der Kultur, Tübingen.

Bratić, L. (2011): Von Identität zu Diversität. Eine kurze Geschichte der Regulierung von MigrantInnen, in: Kulturrisse. Zeitschrift für radikaldemokratische Kulturpolitik (2), S. 56–59.

Bundesamt für Migration und Flüchtlinge (2005): Konzept für einen bundesweiten Integrationskurs, Nürnberg.

Bundesinstitut für Bevölkerungsforschung (2005): Einstellungen zu demographischen Trends und zu bevölkerungsrelevanten Politiken. Ergebnisse der Population Policy Acceptance Study in Deutschland, Wiesbaden.

Bundesministerium des Inneren (2012): Willkommen in Deutschland. Informationen für Zuwanderer, Berlin, http://www.bamf.de (1. Juli 2013).

Bundesministerium des Inneren (2013): Migrationsbericht des Bundesamtes für Migration und Flüchtlinge im Auftrag der Bundesregierung 2011, Berlin, http://www.bamf.de (1. Juli 2013).

Butler, J. (2001): Was ist Kritik? Ein Essay über Foucaults Tugend, http://www.eipcp.net (1. Juli 2013).

Castro Varela, M. (2006): Integrationsregime und Gouvernementalität. Herausforderungen an interkulturelle/internationale so-

ziale Arbeit, in: neue praxis. Sonderheft 8: Soziale Arbeit in der Migrationsgesellschaft. Multikulturalismus – Neo-Assimilation – Transnationalität, S. 152–164.
Castro Varela, M. (2007): Aktuelle Integrationsdiskurse und ihre Folgen, in: Archiv für Wissenschaft und Praxis der sozialen Arbeit, Heft 3, S. 18–29.
Cremer, H. (2013): „Racial Profiling" – Menschenrechtswidrige Personenkontrollen nach § 22, Abs. 1a Bundespolizeigesetz. Empfehlungen an den Gesetzgeber, Gerichte und Polizei, hrsg. vom Deutschen Institut für Menschenrechte, Berlin, http://www.institut-fuer-menschenrechte.de (1. Juli 2013).
Deleuze, G./Guattari, F. (1977): Rhizom, Berlin.
Flusser, V. (1999): Bodenlos. Eine philosophische Autobiographie, Frankfurt a.M.
Foucault, M. (1973): Wahnsinn und Gesellschaft, Frankfurt a.M.
Foucault, M. (1981): Archäologie des Wissens, Frankfurt a.M.
Foucault, M. (1992): Was ist Kritik?, Berlin.
Foucault, M. (2000): Die Gouvernementalität, in: Bröckling, U. u.a. (Hrsg.): Gouvernementalität der Gegenwart. Studien zur Ökonomisierung des Sozialen, Frankfurt a.M., S. 41–67.
Foucault, M. (2003): Dits et Ecrits. Schriften, Band III, 1976–1979, Frankfurt a.M.
Foucault, M. (2006): Sicherheit, Territorium, Bevölkerung. Geschichte der Gouvernementalität I, Frankfurt a.M.
Freytag, T. (2008): Der unternommene Mensch. Eindimensionalisierungsprozesse in der gegenwärtigen Gesellschaft, Weilerswist.
Heron, E.(2000): „Die soziale Theologie New Labours oder Der Appell an Moral, Gemeinschaft und Gewissen", in: Meyer, H.-D./Minkenberg, M./Ostner, I. (Hrsg.): Religion und Politik. Zwischen Universalismus und Partikularismus. Jahrbuch für Europa- und Nordamerika-Studien, Bd. 2, Opladen, S. 49–80.

Kaden, M. (2012): Der Orientierungskurs des BAMF: Eingliederungshilfe oder Gesinnungsprüfung?, Hamburg.
Kaya, A. (2003): Islam, Migration and Integration. The Age of Securitization, London.
Keeley, B. (2009): Internationale Migration: Die menschliche Seite der Globalisierung, OECD Insights, Paris.
Malmoe (2011): „Die Normalität bestreiken. Ein Gespräch zum Transnationalen Migrant_innenstreik" am 1. März 2011 in Wien, http://malmoe.org/artikel/alltag/2190 (1. Juli 2013).
Mattes, M. (2005): „Gastarbeiterinnen" in der Bundesrepublik. Anwerbepolitik, Migration und Geschlecht in den 50er bis 70er Jahren, Frankfurt a.M.
Mecheril, P./Teo, T. (Hrsg.) (1994): Andere Deutsche. Zur Lebenssituation von Menschen multiethnischer und multikultureller Herkunft, Berlin.
Mecheril, P. u.a. (2010): Migrationspädagogik, Weinheim/Basel.
Mende, C. (2012): „Lebensrealitäten der DDR-Arbeitsmigrant_innen nach 1989 – Zwischen Hochkonjunktur des Rassismus und dem Kampf um Rechte", in: Netzwerk MiRA (Hrsg.), http://edoc.hu-berlin.de/miscellanies/netzwerkmira-38541/all/PDF/mira.pdf, S. 103–122 (1. Juli 2013).
Motte, J./Ohliger, R. (Hrsg.) (2004): Geschichte und Gedächtnis in der Einwanderungsgesellschaft. Migration zwischen historischer Rekonstruktion und Erinnerungspolitik, Essen.
Organisation for Economic Co-Operation and Development (OECD) (2007): Jobs for Immigrants – Labour Market Integration in Australia, Denmark, Germany and Sweden, Berlin.
Otto, H.-U./Schrödter, M. (2006): Soziale Arbeit in der Migrationsgesellschaft. Von der Assimilation zur Multikulturalität – und zurück?, in: neue praxis. Sonderheft 8: Soziale Arbeit in der Migrationsgesellschaft. Multikulturalismus – Neo-Assimilation – Transnationalität, S. 1–18.

Pelzer, M. (2013): Menschenwürdiges Existenzminimum auch für Asylsuchende, in: Müller-Heidelberg u.a. (Hrsg.): Grundrechte-Report 2013. Zur Lage der Bürger- und Menschenrechte in Deutschland, Frankfurt a.M., S. 26-29.

Presse- und Informationsamt der Bundesregierung (Hrsg.) (2007): Der Nationale Integrationsplan. Neue Wege – Neue Chancen, Berlin.

Rose, N. (2000): Tod des Sozialen? Eine Neubestimmung der Grenzen des Regierens, in: Bröckling, U. u.a. (Hrsg.): Gouvernementalität der Gegenwart. Studien zur Ökonomisierung des Sozialen, Frankfurt a.M., S. 72–109.

Rotino, S. (2013): Racist Profiling bei der deutschen Bundespolizei, in: Müller-Heidelberg u.a. (Hrsg.): Grundrechte-Report 2013. Zur Lage der Bürger- und Menschenrechte in Deutschland, Frankfurt a.M., S. 83–87.

Scherr, A. (2010): Innere Sicherheit und soziale Unsicherheit. Sicherheitsdiskurse als projektive Bearbeitung gesellschaftsstrukturell bedingter Ängste?, in: Groenemeyer, A. (Hrsg.): Wege der Sicherheitsgesellschaft. Gesellschaftliche Transformationen der Konstruktion und Regulierung innerer Unsicherheiten, Wiesbaden, S. 213–227.

Statistisches Bundesamt (2013): Personen mit Migrationshintergrund, http://www.destatis.de (1. Juli 2013).

Treibel, A.: (1999): Migration in modernen Gesellschaften. Soziale Folgen von Einwanderung und Gastarbeit, Weinheim.

Trube, A. (2002): Paradigmenwechsel im Sozialstaat?, in: UTOPIE kreativ, 141/142, S. 615–628.

Zick, A. (2013): Islam- und muslimfeindliche Einstellungen in der Bevölkerung Ein Bericht über Umfrageergebnisse, in: BMI im Auftrag der Deutschen Islam Konferenz (Hrsg.): Muslimfeindlichkeit – Phänomen und Gegenstrategien. Beiträge der Fachtagung der Deutschen Islam Konferenz

am 4. und 5. Dezember 2012 in Berlin, Berlin, S. 35–46, http://www.deutsche-islam-konferenz.de (1. Juli 2013).
Zwengel, A. (2011): Die „Gastarbeiter" der DDR: Politischer Kontext und Lebenswelt, Münster.

Zum Weiterlesen:

Inklusion in der Diskussion
Archiv für Wissenschaft und Praxis der sozialen Arbeit Nr. 3/2013
96 Seiten, 14,50 €, für Mitglieder des Deutschen Vereins 10,70 €
ISBN 978-3-7841-2410-0

Integrationsunwillige Muslime? Ein Milieubericht
Von Ahmet Toprak
2010, 180 Seiten, kart. 20,90 €
ISBN 978-3-7841-1959

Muslimische Jungen: Prinzen, Machos oder Verlierer? Ein Methodenhandbuch
Von Ahmet Toprak und Katja Nowacki
2012, 184 Seiten, kart., 22,90 €
ISBN 978-3-7841-2069-0

Rechtlicher Rahmen zur Erwerbsintegration von Menschen ohne deutschen Pass – eine Handreichung des Deutschen Vereins vom 21. März 2013
Download unter:
http://www.deutscher-verein.de/05-empfehlungen/2013/

Dass die Integration eingewanderter Menschen nötig ist, steht anscheinend außer Frage, diskutiert wird nur, wie sie gelingen kann.

Demgegenüber charakterisiert die Autorin Integrationspolitiken als Normalisierungs- und Disziplinierungsregimes. Sie analysiert, wie mit Begriffen wie „Menschen mit Migrationshintergrund" diese als Nicht-Zugehörige konstruiert und als Zielgruppe sozialarbeiterischen Handelns festgeschrieben werden.

María do Mar Castro Varela ist Professorin an der Alice Salomon Hochschule Berlin. Sie ist Dipl.-Psychologin, Dipl.-Pädagogin und promovierte Politologin.

ISBN 978-3-7841-2405-6
9 783784 124056